全国技工院校汽车维修专业（中级技能层级）

混合动力汽车构造与维修（第二版）
习题册

胡克晓◎主编

中国劳动社会保障出版社

简介

本习题册是全国技工院校汽车维修专业模块化教材（中级技能层级）《混合动力汽车构造与维修》（第二版）的配套用书。内容紧扣教材的教学要求，注重基础知识的巩固，知识点分布均衡，题型丰富，难易适当，有助于学生复习巩固所学知识。

本习题册由胡克晓主编，刘振革、刘谦参与编写。

图书在版编目（CIP）数据

混合动力汽车构造与维修（第二版）习题册 / 胡克晓主编．-- 北京：中国劳动社会保障出版社，2024.
ISBN 978-7-5167-6621-7

Ⅰ. U469. 7-44

中国国家版本馆 CIP 数据核字第 2024SS7981 号

中国劳动社会保障出版社出版发行

（北京市惠新东街 1 号　邮政编码：100029）

*

涿州市星河印刷有限公司印刷装订　　新华书店经销

787 毫米 ×1092 毫米　16 开本　3.5 印张　68 千字

2024 年 9 月第 1 版　　2025 年 11 月第 2 次印刷

定价：7.00 元

营销中心电话：400-606-6496

出版社网址：http://www.class.com.cn

http://jg.class.com.cn

目 录

第一章 概 述

第一节 汽车工业面临的挑战

一、填空题（将正确答案填在横线上）

1. 日益增多的汽车给人类带来了沉重的________、________和____________等问题，这使得汽车工业发展面临巨大挑战。

2. 汽车尾气中的__________和__________，极易与人体血液中的血红蛋白结合，使血红蛋白失去携氧能力，从而造成人体中毒，严重时会引发死亡。

3. __________吸入人体后，会侵入人体肺脏深处的毛细血管，从而引发肺水肿，同时还会刺激人眼和鼻黏膜，导致人的嗅觉麻痹。

4. ________和__________在阳光作用下会生成有害的光化学烟雾，这种光化学烟雾滞留在空气中会对人的眼睛、呼吸道以及皮肤等造成强烈刺激。

5. 碳烟主要以______________排放居多，其产生的原因也是发动机燃料燃烧不完全。

二、综合题

1. 名词解释

（1）温室效应

（2）PM2.5

2. 简答题

（1）汽车尾气的主要成分有哪些？

（2）汽车保有量快速增长会带来哪些交通安全问题？

第二节　新能源汽车的发展

一、填空题（将正确答案填在横线上）

1. 新能源汽车有________新能源汽车和________新能源汽车之分。

2. 广义的新能源汽车可分为六大类，即________汽车、__________汽车、太阳能汽车、__________汽车、醇醚燃料汽车和天然气汽车等。

3. 狭义的新能源汽车包括__________汽车、____________汽车和燃料电池汽车。

4. 纯电动汽车与传统燃油汽车的主要区别在于它们的____________不同。

5. 混合动力汽车也可称为_______________，它有至少______动力驱动系统，可__________或混合使用。

6. 串联式混合动力电动汽车的结构特点是通过发动机带动__________发电，电能通过_______________输送给电机，由______驱动车辆行驶。另外，动力蓄电池可以单独向电动机提供电能驱动车辆行驶。

7. 并联式混合动力电动汽车的结构特点是驱动系统可以________使用发动机或电机作为动力源，也可以________使用电机和发动机作为动力源驱动车辆行驶。

8. 混联式混合动力电动汽车既可以在____________混合模式下工作，也可以在_____________混合模式下工作。

9. 具备行驶模式手动选择功能的混合动力电动汽车，可选择的行驶模式包括__________模式、__________模式和混合动力模式三种。

10. 燃料电池汽车实质上是一种电动汽车，其在车身、_______系统、_____系统等方面与普通纯电动汽车基本相同，区别主要在于动力系统__________不同。

11. 在“三纵三横”的研发布局中，三纵指纯电动汽车、__________、燃料电池汽车；三横指__________、电机、__________。

二、选择题（将正确答案的序号填在括号内，不定项）

1．纯电动汽车的主要特点是（　　）。

A．节能环保　　B．静音舒适

C．维护方便　　D．价格便宜

2．纯电动汽车的核心技术包括（　　）。

A．电池技术　　B．电机技术

C．电控技术　　D．充电技术

3．（　　）年，日本丰田公司推出了世界上第一款批量生产的混合动力汽车——普锐斯（PRIUS）。

A．1995　　B．1996　　C．1997　　D．1998

4．混合动力电动汽车按照动力系统结构形式不同，可分为（　　）。

A．串联式混合动力电动汽车　　B．并联式混合动力电动汽车

C．混联式混合动力电动汽车　　D．外接充电型混合动力电动汽车

5．混合动力电动汽车按照外接充电能力不同，可分为（　　）。

A．串联式混合动力电动汽车

B．并联式混合动力电动汽车

C．非外接充电型混合动力电动汽车

D．外接充电型混合动力电动汽车

6．重度混合（强混合）型混合动力电动汽车是指以发动机和 / 或电动机为动力源，一般情况下电动机的峰值功率和总功率的比值大于（　　），且电动机可以独立驱动车辆正常行驶的混合动力电动汽车。

A．30%　　B．40%　　C．50%　　D．60%

7．按照可再充电能量储存系统不同，混合动力电动汽车可分为（　　）。

A．动力蓄电池混合动力电动汽车

B．超级电容器混合动力电动汽车

C．机电飞轮混合动力电动汽车

D．动力蓄电池与超级电容器组合式混合动力电动汽车

8．燃料电池汽车发展的主要瓶颈是成本高昂，主要体现在（　　）。

A．原材料成本　　B．加氢站建设成本

C．供应链建设成本　　D．技术创新成本

三、判断题（正确的打“√”，错误的打“×”）

1．醇醚燃料汽车也是新能源汽车的一种。（　　）

2．电动汽车包括纯电动汽车、混合动力电动汽车和燃料电池电动汽车。（　　）

3．插电式混合动力汽车不能以纯电模式行驶。 （ ）

4．插电式（plug-in）混合动力电动汽车属于外接充电型混合动力电动汽车。 （ ）

5．从车载燃料中获取全部能量的混合动力电动汽车是非外接充电型混合动力电动汽车。 （ ）

6．不具备行驶模式手动选择功能的混合动力电动汽车，车辆的行驶模式根据工况不同自动切换。 （ ）

7．燃料电池的原理是通过发动机燃烧能源产生动力，如氢－氧燃料电池就是通过发动机燃烧氢气产生动力。 （ ）

四、简答题

1．简述纯电动汽车的主要特点。

2．简述混合动力汽车的特点。

3．燃料电池如何分类？

4．混合动力电动汽车按照混合度不同，可分为哪几类？特点分别是什么？

5．混合动力电动汽车按照行驶模式的选择方式不同，可分为哪几类？特点分别是什么？

6．简述《新能源汽车产业发展规划（2021—2035 年）》的发展目标。

第二章 混合动力系统构造与工作原理

第一节 典型混合动力系统构造

一、填空题（将正确答案填在横线上）

1. 串联式混合动力系统主要由__________、发电机、__________、DC/DC 变换器、____________等部件组成。

2. 并联式混合动力系统有______________、________________和发动机、电动机混合驱动三种工作模式。

3. 典型的并联式混合动力系统是由发动机、____________、动力蓄电池、DC/DC 变换器和________________等部件组成。

4. 在制动能量回收模式下，当车辆制动时，电动机以发电机模式工作，回收车辆制动能量并向______________充电。

5. 高尔夫 GTE 动力系统的高压部分主要由____________、______________、充电机和混合动力模块组成。

6. 高尔夫 GTE 高压动力蓄电池，每__________个单格蓄电池槽（电芯）串联为一组蓄电池模块，每________组蓄电池模块串联为一个蓄电池包。

7. 混联式混合动力系统主要由发动机、______________、发电机、动力蓄电池、____________、电动机等部件组成。

8. 混联式混合动力系统采用电动机与发动机双动力源驱动车辆。根据行驶条件不同，车辆可以仅通过__________驱动行驶，也可以通过__________和电动机共同驱动行驶。

二、选择题（将正确答案的序号填在括号内，不定项）

1. 串联式混合动力系统的基本控制模式是（　　）。

A. 恒温器控制模式　　B. 负荷跟随控制模式

C. 最佳控制模式　　D. 纯电动控制模式

2. 理想 ONE 汽车是一种（　　）式混合动力汽车。

A. 串联　　B. 并联

C. 混联　　D. 纯电动

3. 并联式混合动力系统典型工作模式包括（　　）。

A. 纯电动工作模式

B. 混合动力工作模式

C. 动力蓄电池充电

D. 制动能量回收

4. 并联式混合动力系统的控制模式有（　　）。

A. 蓄电池辅助混合动力模式

B. 发动机辅助混合动力模式

C. 电动机辅助混合动力模式

D. 发电机辅助混合动力模式

三、判断题（正确的打“√”，错误的打“×”）

1. 在串联式混合动力系统结构形式中，动力蓄电池实际上起平衡发动机输出功率和电动机输入功率的作用。（　　）

2. 在串联式混合动力系统结构形式中，发动机除了用来发电，还要用来驱动车轮。（　　）

3. 在串联式混合动力系统结构中，发动机输出的能量利用率比较高。（　　）

4. 串联式混合动力电动汽车更适合市区低速运行的工况，而不适合高速公路行驶的工况。（　　）

5. 在串联式混合动力系统中，电动机和动力蓄电池的体积和质量都较大，使得整车质量较大。（　　）

6. 并联式混合动力系统使用电动机和发动机两种不同的装置来驱动车辆。（　　）

7. 并联式混合动力系统在车辆减速及制动时，电动机以发电机模式工作，回收车辆制动能量向动力蓄电池充电。（　　）

8. 并联式混合动力系统的燃油经济性要比串联式混合动力系统的燃油经济性差。（　　）

9. 丰田混联式混合动力系统在停车时，发动机、电动机、发电机全部自动停止运转，不会因怠速而浪费能量。（　　）

四、综合题

1. 填图题（将正确答案填在横线上）

（1）根据题图，标注出串联式混合动力系统各部件的名称。

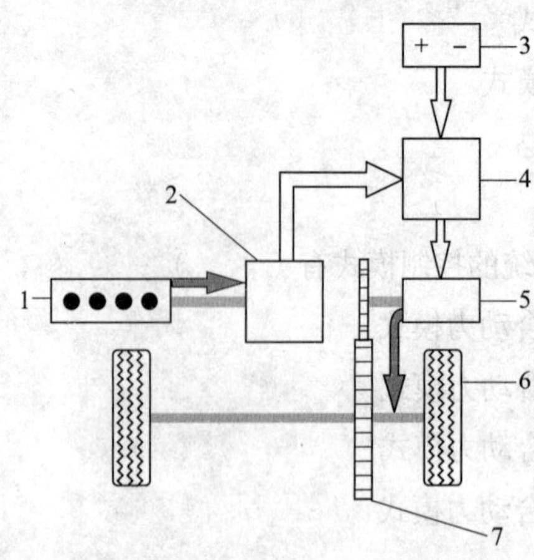

1. ______________________ 2. ______________________

3. ______________________ 4. ______________________

5. ______________________ 6. ______________________

7. ______________________

（2）根据题图，标注出并联式混合动力系统各部件的名称。

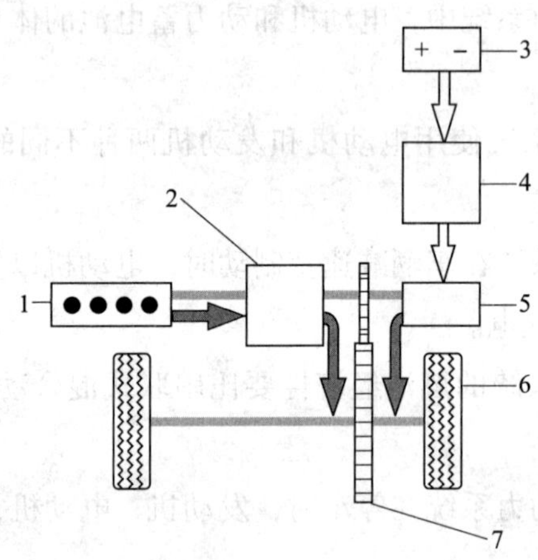

1. ______________________ 2. ______________________

3. ______________________ 4. ______________________

5. ______________________ 6. ______________________

7. ______________________

（3）根据题图，标注出混联式混合动力系统各部件的名称。

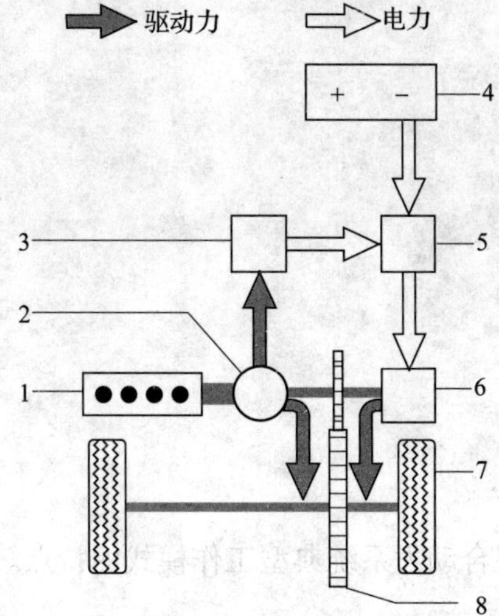

1. ________________ 2. ________________

3. ________________ 4. ________________

5. ________________ 6. ________________

7. ________________ 8. ________________

2. 简答题

（1）简述理想 ONE 的工况模式。

（2）简述串联式混合动力系统的优点。

（3）简述并联式混合动力系统典型工作模式的特点。

（4）简述丰田混联式混合动力系统典型工作模式的特点。

第二节　电能储存装置

一、填空题（将正确答案填在横线上）

1. 混合动力汽车上最常见的二次电池有__________、__________、锂离子电池和镍－金属氢电池等四类。

2. 以__________为电解质的蓄电池称为酸性蓄电池。

3. 铅酸蓄电池的特点是开路电压________、放电电压________、充电效率________，能够在常温下正常工作；同时，生产技术成熟、价格便宜、规格齐全。

4. 铅酸蓄电池根据不同的工作环境可划分为________式和________式两大类。

5. 镍镉蓄电池的每个独立电池单体都是由________、________和装在正极板和负极板之间的隔板所组成。

6. 镍氢蓄电池的正极也采用__________作为活性材料，负极则使用储氢合金，正负极之间由__________隔开，以防止短路发生。

7. 单体锂离子蓄电池有________形和________形两种类型。

8. 根据动力蓄电池的类型和组合方式，动力蓄电池管理系统设置有热（温度）管理子系统、________子系统和________子系统等。

9. 根据安装位置不同，电动汽车充电装置可分为______充电装置和______充电装置。

二、选择题（将正确答案的序号填在括号内，不定项）

1. 混合动力汽车的电能储存装置可以分为（　　）等几类。

A. 二次电池　　B. 超级电容

C. 飞轮电池　　D. 铅酸电池

2. 蓄电池的主要性能指标有（　　）。

A. 电压　　B. 容量

C. 能量　　D. 内阻

3. 一般蓄电池的放电高效率区为（　　）SOC。

A. 30%~50%　　B. 0~50%

C. 50%~60%　　D. 50%~80%

4. 混合动力电动汽车的动力蓄电池的循环寿命要求不低于（　　）次。

A. 100　　B. 500　　C. 1 000　　D. 10 000

5. 镍镉蓄电池是一种（　　）性电池。

A. 碱　　B. 酸

C. 中　　D. 一次

6. 动力蓄电池管理系统的功能包括（　　）。

A. 电池组管理　　B. 单电池管理

C. 荷电状态判断　　D. 故障诊断

三、判断题（正确的打“√”，错误的打“×”）

1. 二次电池也称可充电电池。（　　）

2. 超级电容与常见的物理电容器相同。（　　）

3. 蓄电池除了作为驱动力的能量来源，还负责向空调系统、动力转向系统等多个关键子系统提供电力。（　　）

4. 混合动力汽车的牵引用动力铅酸蓄电池性能要求与启动用铅酸蓄电池性能要求是不同的。（　　）

5. 镍镉蓄电池过充电和过放电性能好，有高倍率的放电特性，瞬时脉冲放电率很大，深度放电性能也好，但循环使用寿命不长。（　　）

6. 镍镉蓄电池有记忆效应。（　　）

7. 与其他蓄电池相比，锂离子蓄电池具有电压高、比能量高、循环寿命长、无记

忆效应、污染小、充电快速、自放电率低、工作温度范围宽和安全可靠等优点。（　　）

8．电池组管理子系统的主要作用是对动力蓄电池的组合、安装以及充放电过程等进行全面监控与管理。（　　）

9．根据给电动汽车动力蓄电池充电时的能量转换方式不同，充电装置可以分为传导式和感应式两种。（　　）

四、综合题

1．名词解释

（1）标称电压

（2）工作电压

（3）理论容量

（4）荷电状态

（5）能量密度

（6）内阻

（7）循环寿命

2. 填图题（将正确答案填在横线上）

（1）根据题图，标注出镍镉蓄电池各部件的名称。

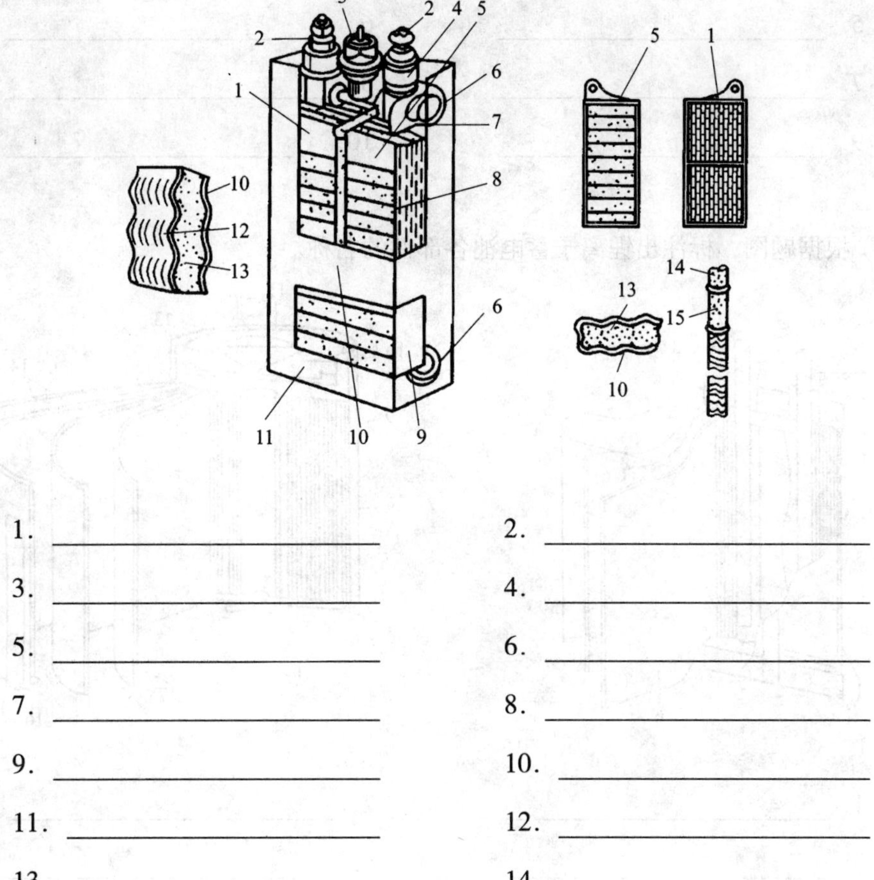

1. ________　　2. ________

3. ________　　4. ________

5. ________　　6. ________

7. ________　　8. ________

9. ________　　10. ________

11. ________　　12. ________

13. ________　　14. ________

15. ________

（2）根据题图，标注出镍氢蓄电池各部件的名称。

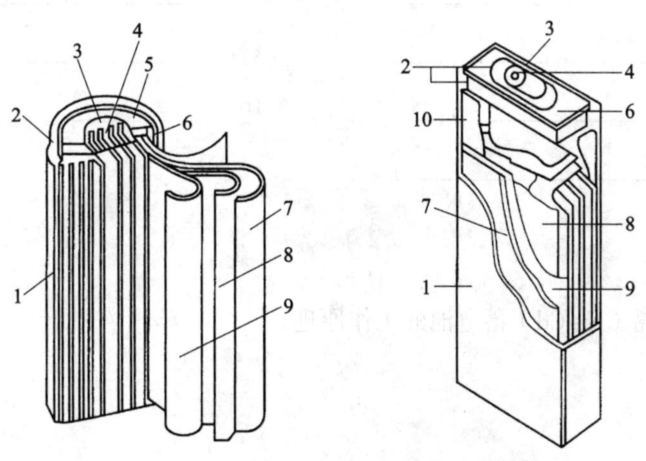

1. ______________________　　2. ______________________

3. ______________________　　4. ______________________

5. ______________________　　6. ______________________

7. ______________________　　8. ______________________

9. ______________________　　10. ______________________

（3）根据题图，标注出锂离子蓄电池各部件的名称。

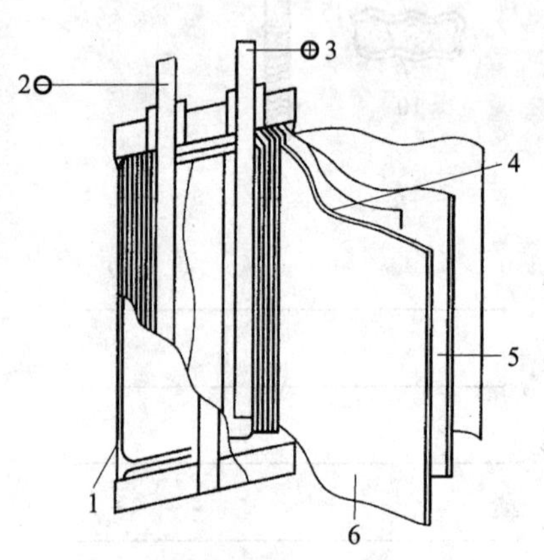

1. ______________________　　2. ______________________

3. ______________________　　4. ______________________

5. ______________________　　6. ______________________

7. ______________________　　8. ______________________

9. ______________________　　10. ______________________

11. ______________________　　12. ______________________

13. ______________________　　14. ______________________

15. ______________________　　16. ______________________

17. ______________________

3. 简答题

（1）简述镍镉（Ni-Cd）蓄电池的工作原理。

（2）简述镍氢（Ni-MH）蓄电池的工作原理。

（3）简述锂离子蓄电池的工作原理。

（4）简述蓄电池管理系统的工作原理。

（5）简述混合动力汽车动力蓄电池充电装置的分类。

第三节　驱动电机

一、填空题（将正确答案填在横线上）

1. 混合动力汽车在低速行驶和爬坡时需要________，高速行驶时需要________转矩和功率。

2. 混合动力汽车采用的驱动电机主要有____________、______________、永磁同步电机和开关磁阻电机四类。

3. 直流电机主要由电枢、____________、____________等装置组成。

4. 开关磁阻电机的基本结构包括____________、____________、位置传感器、前后轴承、前后端盖和电机壳体等。

5. 现阶段混合动力汽车采用的驱动电机主要是__________电机和__________电机。

6. 在异步电机中，转子磁场的形成要分两步走：第一步是__________旋转磁场先使____________产生感应电流，第二步是感应电流产生转子磁场。

7. 永磁同步电机和普通同步电机都属于__________电机。永磁同步电机因为采用____________建立励磁磁场，所以与普通同步电机相比，它不需要直流励磁装置，结构更加简单。

8. 开关磁阻电机是一种典型的________________电机，定子和转子都是__________结构，转子上既没有绕组也没有永磁体，更没有换向器、滑环等，只在定子上安装有简单的集中______________，转子的运转是依靠磁引力来运行。

二、选择题（将正确答案的序号填在括号内，不定项）

1. 混合动力汽车对驱动电机的基本要求包括（　　）。

A. 高电压　　B. 高转速

C. 轻量化设计　　D. 高可靠性

2. 高过载能力是为了确保车辆在加速或爬坡时，电机能够提供足够的动力，一般需要达到（　　）倍的过载能力。

A. 4~5　　B. 5~6　　C. 6~7　　D. 7~8

3. 开关磁阻电机的最高转速可以达到（　　）r/min。

A. 5 000　　B. 8 000　　C. 12 000　　D. 15 000

4. 以下驱动电机中，比功率最高的是（　　）。

A. 直流电机　　B. 感应电机

C. 永磁同步电机　　D. 开关磁阻电机

5. 可靠性最好的驱动电机是（　　）。

A．直流电机　　B．感应电机
C．永磁同步电机　　D．开关磁阻电机

三、判断题（正确的打"√"，错误的打"×"）

1．直流电机的缺点是需要依靠电刷和换向器进行换向，因而电效率低，转速范围小。（　）

2．交流异步电机的优点是输出转矩可以在大范围内调整，能在驱动车辆加速或爬坡时，短时间内强制提升输出转矩。（　）

3．永磁同步电机的优点是体积小、质量轻、功率密度高，相比异步电机能耗小、温升低、效率高，可以根据需求，设计成高启动转矩、高过载能力的结构电机。（　）

4．开关磁阻电机系统效率高、节能效果好。在低速或轻载工作状态下，比异步电机效率高 10% 以上。（　）

5．直流电机主要用于高性能车型。（　）

四、简答题

1．简述混合动力汽车对驱动电机性能的基本要求。

2．简述直流电机的特点。

3．简述永磁同步电机的特点。

4．简述开关磁阻电机的特点。

第三章　丰田普锐斯混合动力系统构造与维修

第一节　丰田混合动力系统

一、填空题（将正确答案填在横线上）

1．THS 的核心是由____________组成的动力组合器，用于协调发动机和电动机的__________和____________。

2．普锐斯混合动力汽车的______________将发动机和电动机的力矩分配给________或__________，通过选择性地控制动力源（驱动电机、发动机和发电机）的转速，模拟变速器传动比的连续变化。

3．在“READY”指示灯点亮，车辆处于“P”挡或车辆倒车时，如果监视项目符合条件，则 HV ECU 发出指令，启动____________，驱动____________，为 HV 动力蓄电池______________。

4．混合动力车辆（HV）变速驱动桥由__________、________和__________组成。

5．增压转换器可将 HV 动力蓄电池的输出电压由________201.6 V 增加到________500 V；反之亦可。

6．DC/DC 变换器可将 HV 动力蓄电池的输出电压由____201.6 V 降到________，为车身电气组件供电以及为备用蓄电池再次充电。

7．普锐斯高压线束和接头采用________色，以区别于____________。

8．丰田混合动力控制系统内置于 MG2 中的__________直接检测 MG2 的温度。______________检测 MG1 的温度。

二、选择题（将正确答案的序号填在括号内，不定项）

1．普锐斯采用（　　）蓄电池作为 HV 动力蓄电池，其位于行李舱内后排座位下。

A．铅酸　　　　B．镍氢（Ni–MH）

C．锂离子　　　　D．镍镉

2．HV ECU 始终监视车辆（　　）。

A．SOC　　　　B．蓄电池温度

C．冷却液温度　　　　D．电载荷状况

三、判断题（正确的打“√”，错误的打“×”）

1．普锐斯混合动力汽车并没有真正意义的无级变速器（CVT），但其变速原理与无级变速器的变速原理相同。（　　）

2．MG1 和 MG2 结构紧凑、质量轻、高效，均为开关磁阻电动机。（　　）

3．普锐斯 MG1 由发动机带动旋转，产生高压电以驱动 MG2 或为 HV 动力蓄电池充电。同时，它还可以作为起动机启动发动机。（　　）

4．普锐斯混合动力汽车的空调系统主要是依靠发动机的运转驱动。（　　）

5．普锐斯混合动力汽车的 MG1 和 MG2 采用配备水泵的冷却系统，其与发动机冷却系统连在一起。（　　）

6．蓄电池 ECU 监控 HV 动力蓄电池的充电状态。（　　）

7．如果冷却液温度、SOC 状态、蓄电池温度和电载荷状态不满足条件，即使驾驶员按下“POWER”开关，“READY”指示灯打开，发动机也不会运转。（　　）

8．如果 SOC 较低或 HV 动力蓄电池、MG1 或 MG2 的温度高于规定值，则 HV ECU 限制驱动轮的动力大小，直至它恢复到额定值。（　　）

9．一般来说，车辆处于“N”挡时，MG1 和 MG2 也会工作。（　　）

四、综合题

1．填图题（将正确答案填在横线上）

（1）根据题图，标注出 THS-Ⅱ各部件的名称。

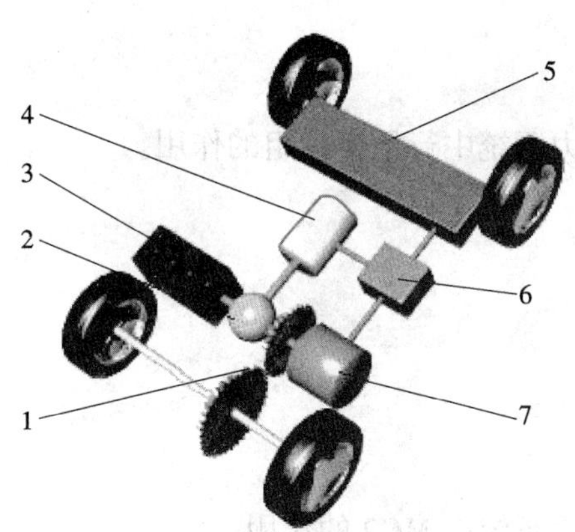

1．____________________ 2．____________________

3．____________________ 4．____________________

5．____________________ 6．____________________

7．____________________

（2）在下图中标出车辆低载荷巡航工况下的动力或电流走向。

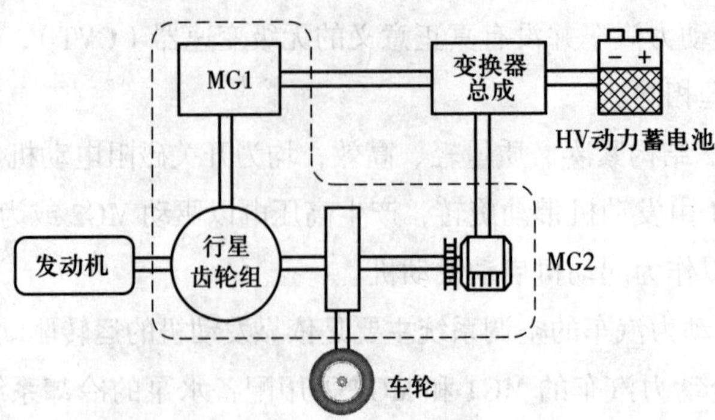

（3）在下图中标出车辆从低载荷巡航转换为节气门全开加速模式时的动力或电流走向。

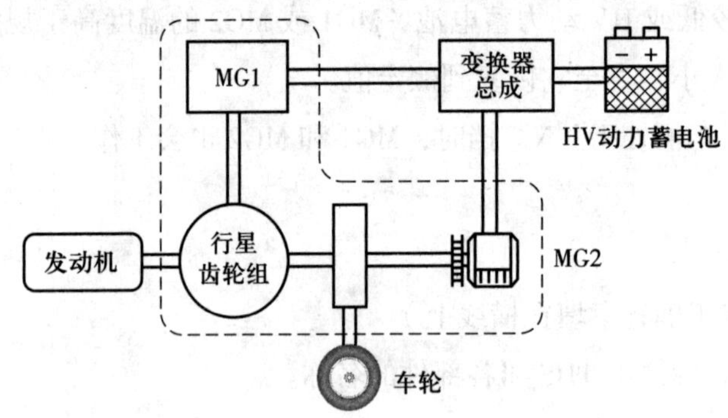

2. 简答题

（1）简述丰田混合动力系统中行星齿轮组的作用。

（2）简述丰田混合动力系统中 MG2 的作用。

（3）简述丰田混合动力系统中变换器总成的作用与组成。

（4）简述丰田混合动力系统中 HV ECU 的作用。

（5）简述丰田混合动力汽车控制系统中，MG1 和 MG2 的控制内容。

第二节 丰田普锐斯混合动力系统主要部件

一、填空题（将正确答案填在横线上）

1. 普锐斯混合动力汽车的动力蓄电池采用镍氢蓄电池，每个电池的额定电压为________V，每______个单体蓄电池串联组成一个电池模块，若干个电池模块串联构成蓄电池组。第二代和第三代普锐斯的动力蓄电池组由________个电池模块组成，总电压为__________V。

2. 普锐斯 HV 动力蓄电池总成包括蓄电池组、蓄电池 ECU 和 SMR（系统主继电器），其集中组装在一个____________内，安装于________________。

3. 普锐斯 HV 动力蓄电中的_____________主要用于切断电源，检修高压电路时，一定要将此部件拔下。

4. HV 动力蓄电池重复充/放电时，会产生热量，为确保其正常工作，车辆为 HV 动力蓄电池配备了专用的＿＿＿＿＿＿。

5. ＿＿＿＿＿＿控制冷却风扇的工作，其根据 HV 动力蓄电池内部的 3 个＿＿＿＿＿＿和＿＿＿＿＿＿给出的信号将 HV 动力蓄电池温度控制在合适的范围。

6. 第三代普锐斯 MG2 工作电压提高到＿＿＿＿V，最高输出功率增加了 20%，最高转速提高了约 1 倍，大大缩减了 MG2 的＿＿＿＿和＿＿＿＿。

二、选择题（将正确答案的序号填在括号内，不定项）

1. SMR 按照 HV ECU 发出的指令连接或断开到高压电路的动力。系统共有（　　）个主继电器，以保证混合动力系统正常运行。

A. 2　　B. 3

C. 4　　D. 5

2. 普锐斯蓄电池 ECU 不断地检测 HV 动力蓄电池的（　　）。

A. 温度　　B. 电压

C. 电流　　D. 绝缘性

3. 普锐斯 HV 动力蓄电池的目标 SOC 是（　　），若 SOC 降到目标 SOC 以下，HV ECU 会给发动机 ECM 发出信号，增大功率输出，向 HV 动力蓄电池充电。

A. 90%　　B. 80%

C. 70%　　D. 60%

三、判断题（正确的打“√”，错误的打“×”）

1. 普锐斯混合动力系统控制充放电速度，使 HV 动力蓄电池保持恒定的荷电状态。（　　）

2. HV 动力蓄电池充/放电时会散发热量，为保护蓄电池的性能，蓄电池 ECU 控制冷却风扇工作帮助散热。（　　）

3. 普锐斯混合动力汽车采用的 12 V 蓄电池，与传统汽车蓄电池类似。（　　）

4. 普锐斯辅助蓄电池充电时，不需要将电池从车上拆下就可直接充电。（　　）

5. MG1 和 MG2 不能分解，因为它们都是精密组件。如果这些组件出现故障，则整体更换混合动力变速驱动桥总成。（　　）

四、综合题

1. 填图题（将正确答案填在横线上）

下图是普锐斯变速驱动桥，将图中序号对应的零部件名称填写在相应横线上。

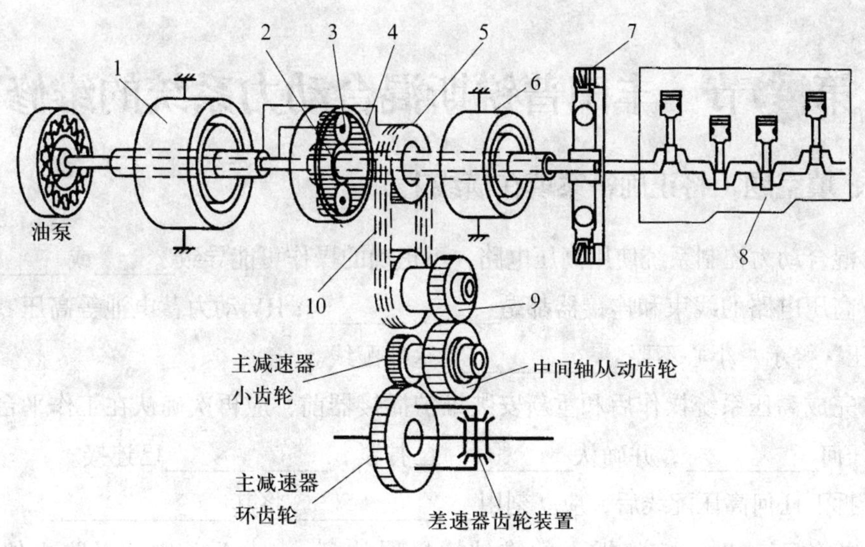

1. ________________ 2. ________________

3. ________________ 4. ________________

5. ________________ 6. ________________

7. ________________ 8. ________________

9. ________________ 10. ________________

2. 简答题

（1）简述蓄电池 ECU 的主要功能。

（2）简述普锐斯混合动力汽车是如何锁止驻车锁的。

第三节　丰田普锐斯混合动力系统的维修

一、填空题（将正确答案填在横线上）

1．混合动力控制系统使用高压电路，不正确的操作可能导致______或______。

2．高压电路的线束和连接器都是____________；HV 动力蓄电池等高压零件都贴有“高压”警示，小心不要____________这些配线。

3．完成高压系统操作后和重新安装维护插接器前，应再次确认在工作平台周围没有遗留任何__________，并确认__________已拧紧、____________已连接。

4．拆下任何高压配线后，应立刻用____________将其____________。

5．检修车辆时，应将拆下的维护插接器放到__________内，以防止他人重新____________维护插接器。

6．检修车辆时不要携带任何类似卡尺或测量卷尺等的__________，因为这些物体可能掉落而引起____________。

7．“READY”灯点亮时，__________输出电压；熄灭时，__________输出电压。

8．检查加速踏板位置传感器时，不应从加速踏板上拆下加速踏板位置传感器，应在连接器的__________侧进行检查。

9．HV-ECU 有自诊断系统，如果不正当操作混合车辆控制系统或其他组件，HV ECU 会检测出故障，使组合仪表上的__________点亮，或者在复式显示器上点亮其他指示灯，如__________、____________或____________。

10．变频器内包含一个三相桥电路，它由____________组成，用来转换直流电和三相交流电。

11．如果发生故障，蓄电池 ECU 执行______________功能，依照故障程度保护 HV 动力蓄电池总成。

12．车辆行驶时，为了控制 HV 动力蓄电池总成温度上升，蓄电池 ECU 依照 HV 动力蓄电池总成的温度，决定并控制蓄电池鼓风机总成的________________。

13．检查蓄电池加液口塞的导通性时，用欧姆表测量端子间的电阻，电阻标准值为__________Ω 或更大，如果不符合标准值，则更换蓄电池加液口塞。

二、选择题（将正确答案的序号填在括号内，不定项）

1．检查变换器总成运行情况，在“READY”灯点亮时，用电压表测量辅助蓄电池的端电压，电压值应为（　　）V。

A．0　　B．12

C．14　　D．18

2. 驱动电机变换器总成电压过低故障的 DTC 码为 POA78，其可能发生故障的部位有（　　）。

A. 线束或连接器　　B. 变换器总成

C. HV ECU　　D. 驱动电机

3. 检查系统主电阻器，用欧姆表测量其连接端子间的电阻，电阻标准值应为（　　）Ω。

A. 10　　B. 18~22　　C. 40　　D. 80

三、判断题（正确的打“√”，错误的打“×”）

1. 拆下维护插接器后，可以操作电源开关。（　　）

2. 检修任何高压配线和零件时，都必须佩戴绝缘手套。（　　）

3. 一定要按规定力矩将高压螺钉端子拧紧，但力矩不足或过量都不会导致故障。（　　）

4. 速度传感器的电阻值如果不符合标准值，则更换混合动力车辆变速驱动桥总成。（　　）

5. 主警告灯点亮表示 THS-Ⅱ系统有故障，在检查模式下主警告灯闪烁。（　　）

6. 变频器电压传感器根据高压的不同，输出一个 0~5 V 的电压。高压值越高，输出电压越低；高压值越低，输出电压越高。（　　）

四、简答题

1. 对高压系统进行操作，断开电源有哪些注意事项？

2. 简述使用绝缘手套的注意事项。

3. 简述混合动力控制系统的故障诊断步骤。

第四章　比亚迪秦 DM 混合动力系统构造与维修

第一节　比亚迪秦 DM 插电式混合动力系统

一、填空题（将正确答案填在横线上）

1. 双擎指比亚迪秦 DM 动力总成由一台________涡轮增压发动机和一台________ kW 电动机采用并联模式组成。

2. 双模指比亚迪秦 DM 有__________和__________两种驱动模式。

3. 除了两种驱动模式，比亚迪秦 DM 还搭配有__________和__________两种驾驶模式。

4. 混合动力（HEV）模式，不仅实现了最佳的____________，同时还保证了良好的__________。

5. 行车发电模式，发动机输出的一部分转矩会驱动______________发电，进而对动力蓄电池进行充电。

6. 车辆制动减速时，发动机不工作，电动机变为__________，吸收车辆制动能量为____________充电。

7. 换挡拨叉上的__________感应到信号磁铁的移动，使变速器 ECU 获得当前挡位位置指令，从而进行换挡。

8. 当车辆要行驶时，电机通过__________检测到电机的位置，位置信号通过控制器的处理，发送相关信号给______________，逻辑信号控制 IGBT 开断，控制器输出__________________。

二、选择题（将正确答案的序号填在括号内，不定项）

1. 比亚迪秦 DM 的驾驶模式有（　　）模式。

   A．EV+ECO（电动经济驾驶）　　B．EV+SPORT（电动运动驾驶）

   C．HEV+ECO（混动经济驾驶）　　D．HEV+SPORT（混动运动驾驶）

2. 比亚迪秦 DM 仅由动力蓄电池向电动机供电的工作模式是（　　）。

   A．纯电动（EV）模式　　B．混合动力（HEV）模式

C．行车发电模式　　D．再生制动模式

3．比亚迪秦 DM 由发动机和电动机共同驱动的工作模式是（　　）。

A．纯电动（EV）模式　　B．混合动力（HEV）模式

C．行车发电模式　　D．再生制动模式

4．比亚迪秦 DM 动力蓄电池 SOC 偏低时，其将进入（　　）工作模式。

A．纯电动（EV）　　B．混合动力（HEV）

C．行车发电　　D．再生制动

5．比亚迪秦 DM 刹车或减速时，其将进入（　　）工作模式。

A．纯电动（EV）　　B．混合动力（HEV）

C．行车发电　　D．再生制动

三、判断题（正确的打“√”，错误的打“×”）

1．比亚迪秦 DM 插电式混合动力汽车采用双擎双模技术，也称 DM Ⅱ代技术。（　　）

2．当车辆高速行驶或高压系统发生故障时，可单独使用发动机驱动。（　　）

3．比亚迪秦 DM 采用自主开发的 6 速 DCT 干式双离合自动变速器。（　　）

4．比亚迪秦 DM 采用的是开关磁阻电动机。（　　）

四、简答题

1．简述比亚迪秦 DM 的 5 种工作模式。

2．简述比亚迪秦 DM 的工作模式是如何实现切换的。

3．简述比亚迪秦 DM 冷却系统的技术特点。

第二节　比亚迪秦 DM 高压系统结构及工作原理

一、填空题（将正确答案填在横线上）

1．比亚迪秦 DM 动力蓄电池总成共有______个电池模组，由动力蓄电池串联线串联为一体，共计________节单体电池，每个单体电池额定工作电压为__________V，动力蓄电池总成标称电压为____________V、标称容量为__________A · h。

2．在比亚迪秦 DM 动力蓄电池总成的 2 号、4 号、6 号、8 号模组中，皆安装有____________。

3．可通过______________直接断开高压回路，从而保证操作人员的安全。

4．高压配电箱下游包括____________及 DC 总成、______________、电动压缩机、____________等；同时，高压配电箱也将车载充电器的高压直流电分配给动力蓄电池。

5．漏电传感器通过检测____________________________、________________的绝缘阻抗，来判断动力蓄电池的漏电情况。

6．漏电传感器主要监测____________________________与______________之间的绝缘电阻。

7．充电系统将交流充电口传递过来的__________转换为____________为动力蓄电池充电。

8．BMS 的主要功能是________________、______________、SOC 计算、充放电管理、______________、功率控制、电池异常状态报警和保护、____________、碰撞保护以及自检等。

二、选择题（将正确答案的序号填在括号内，不定项）

1. 动力蓄电池包总成的安装位置在（　　）。

A. 行李舱靠近后排座椅位置　　B. 动力蓄电池总成左上角

C. 行李舱动力蓄电池支架右上方　　D. 车身后搁物板前加强横梁上

2. 维修开关的安装位置在（　　）。

A. 行李舱靠近后排座椅位置　　B. 动力蓄电池总成左上角

C. 行李舱动力蓄电池支架右上方　　D. 车身后搁物板前加强横梁上

3. 高压配电箱的安装位置在（　　）。

A. 行李舱靠近后排座椅位置　　B. 动力蓄电池总成左上角

C. 行李舱动力蓄电池支架右上方　　D. 车身后搁物板前加强横梁上

4. 漏电传感器的安装位置在（　　）。

A. 行李舱靠近后排座椅位置　　B. 动力蓄电池总成左上角

C. 行李舱动力蓄电池支架右上方　　D. 车身后搁物板前加强横梁上

三、判断题（正确的打“√”，错误的打“×”）

1. 高压配电箱的下游是动力蓄电池总成。（　　）

2. 高压配电箱是将动力蓄电池的高压直流电分配给整车高压用电设备。（　　）

3. 当动力蓄电池漏电时，传感器会发出信号给蓄电池管理控制器。（　　）

4. 负极与车身绝缘阻值在 100~120 kΩ 之间为一般漏电。（　　）

5. 交流充电口安装于行李舱车标后方。（　　）

6. 分布式电池管理系统是由 10 个电池信息采集器和 1 个蓄电池管理控制器共同组成的。（　　）

7. 高压电缆是连接动力蓄电池与每个高压负载的导线。（　　）

8. 驱动电机控制器采集电机的旋变、温度、制动、加速踏板开关信号。（　　）

9. 当动力蓄电池电量不足时，DC 总成将发电机产生的电力，一部分降压后提供给整车低压用电器使用，另一部分升压后给动力蓄电池充电及空调使用。（　　）

四、简答题

1. 简述比亚迪秦 DM 整车高压系统的组成。

2．简述比亚迪秦 DM 维修开关的操作方法。

3．简述比亚迪秦 DM 高压配电箱的主要功用。

4．简述比亚迪秦 DM 的充电控制原理。

5. 简述比亚迪秦 DM 驱动电机控制器的主要功用。

6. 简述 DC 总成的主要功用。

第三节　比亚迪秦 DM 高压系统维修

一、填空题（将正确答案填在横线上）

1. 高压系统故障指示灯包括____________灯、动力蓄电池过热指示灯、____________灯、____________灯和电机过热指示灯等。

2. 蓄电池管理控制器通过________发送电池组温度超高报警信号给组合仪表，仪表 CPU 驱动此指示灯点亮。

3. 当接收到__________或__________时，动力蓄电池故障指示灯点亮。

4. 拆卸 / 安装动力蓄电池模组连接线的工作只能由______人完成，坚决杜绝______人同时操作。

5. __________通过________，将外部传递来的 220 V 交流电转换为高压直流电为动力蓄电池充电，两者组成车辆充电系统。

6. 车载充电器由________、盒体、________、散热器等组成。

7. 拆卸车载充电器时断开的外部插接器包括________________、低压插接器（包含 CAN 线束）、________________。

8. 漏电传感器一般监测与动力蓄电池输出相连接的负极母线与车身底盘之间的绝缘电阻来判断漏电情况，当绝缘阻值为__________Ω 时，说明是一般漏电。

二、选择题（将正确答案的序号填在括号内，不定项）

1. 当（　　）时，动力蓄电池过热指示灯点亮。

A. 动力蓄电池温度≥ 65 ℃　　B. 与 BMS 失去通讯

C. 仪表采集到碰撞报警信号　　D. P 挡电机控制器发出故障信号

2. 当（　　）时，电机冷却液温度过高指示灯点亮。

A. 动力蓄电池温度≥ 65 ℃　　B. 与 BMS 失去通讯

C. 仪表采集到碰撞报警信号　　D. 仪表采集到冷却液温度≥ 75 ℃

3. 当（　　）时，电机过热指示灯点亮。

A. 动力蓄电池温度≥ 65 ℃

B. 电机控制器发送动力电机过温报警信号

C. 仪表采集到碰撞报警信号

D. 仪表采集到冷却液温度≥ 75 ℃

4. 高压配电箱的外部组件包括（　　）。

A. 高压端子　　B. 低压线束

C. 漏电传感器检测线　　D. 空调熔断器

5. 高压配电箱诊断步骤包括（　　）。

A. 车上检查　　B. 检查配电箱空调熔断器

C. 检查接触器电源脚　　D. 检查负极接触器控制脚

三、判断题（正确的打“√”，错误的打“×”）

1. 当高压系统发生故障时，仪表盘上的高压系统故障指示灯会点亮。（　　）

2. 当 CAN 通信采集到 BMS、驱动电机控制器、P 挡电机控制器等发出故障信号时，仪表 CPU 会驱动故障指示灯点亮。（　　）

3. 当接收到 BMS 故障信号或 ON 挡与 BMS 失去通讯时，动力蓄电池故障指示灯会点亮。（　　）

4. 电机冷却液温度过高指示灯工作分为常亮和闪烁两种方式，闪烁优先级更高。（　　）

5. 更换动力蓄电池模组之前务必佩戴绝缘手套。（　　）

6. 充电系统常见故障有系统不能充电和充电突然中断等。（　　）

7. 挡位信号由挡位控制器总成进行采集并处理。 （ ）

8. 配电箱本身无故障码，但是接触器及霍尔传感器可以通过蓄电池管理控制器的故障码来判断。 （ ）

四、简答题

1. 动力系统故障指示灯点亮的原因有哪些？

2. 简述动力蓄电池模组的更换流程。

3. 简述车载充电器的拆装步骤。

4．简述 DC/DC 变换器总成的故障诊断流程。

5．简述漏电传感器的更换步骤。

第五章　宝马 X6 混合动力系统构造与维修

第一节　宝马 X6 混合动力系统概述

一、填空题（将正确答案填在横线上）

1．宝马 Active Hybrid X6 不仅＿＿＿＿＿＿＿、动力强，而且在同等动力性能下相比宝马 X6 xDrive50i 车型，油耗降低近＿＿＿＿%。

2．双模式主动变速器可明显改变＿＿＿＿＿和＿＿＿＿＿的传输功率比例，实现两种驱动方式。

3．＿＿＿＿＿＿＿＿是混合动力驱动装置最重要的组件之一，它决定了车辆的输出功率和续航里程。

4．宝马 X6 混合动力汽车的动力蓄电池通过＿＿＿＿＿＿散热，必要时还可通过＿＿＿＿＿＿系统冷却。

5．如果动力蓄电池电量不足，宝马 X6 混合动力系统会启动＿＿＿＿驱动＿＿＿＿为动力蓄电池充电，从而满足车辆行驶和用电器的用电需求。

6．松开加速踏板，宝马 X6 混合动力系统的电动机可作为＿＿＿＿＿＿使用，回收制动能量。

二、选择题（将正确答案的序号填在括号内，不定项）

1．在（　　）的情况下，宝马 Active Hybrid X6 的发动机节能启停功能可使发动机关闭。

A．等红灯　　B．堵车　　C．市区行驶　　D．高速行驶

2．宝马 Active Hybrid X6 双模式主动变速器共有（　　）个挡位。

A．4　　B．5　　C．6　　D．7

3．宝马 Active Hybrid X6 采用的镍氢蓄电池，额定电压为（　　）V。

A．88　　B．188　　C．288　　D．388

4．当车速不超过 60 km/h 时，宝马 Active Hybrid X6 以纯电动方式最多可行驶（　　）km。

A．2.5　　B．25　　C．5　　D．50

三、判断题（正确的打“√”，错误的打“×”）

1．在发动机达到运行温度且高压动力蓄电池电量充足的情况下，踩下加速踏板，宝马 Active Hybrid X6 会以混动方式起步。（　　）

2．宝马 Active Hybrid X6 在行驶过程中会根据车速和动力蓄电池的充电状态以不同比例驱动发动机和电动机。（　　）

3．在加速工况时，电动机相当于一种“电动涡轮”，在加速过程中为发动机提供助力且不会带来额外的燃油消耗。（　　）

4．混合动力驱动装置的主要优点是可以利用下坡行驶或制动时释放出的动能。（　　）

四、简答题

1．简述双模式主动变速器的两种驱动方式。

2．简述什么是发动机节能启停功能。

3．简述宝马 Active Hybrid X6 加速时的工作情况。

第二节 发动机及主动变速器

一、填空题（将正确答案填在横线上）

1. 宝马 Active Hybrid X6 车辆还有第三个用于______________的冷却循环回路，但是它并不属于发动机部分。

2. 电动辅助冷却液泵在发动机冷却循环回路中的安装位置确保在发动机静止的情况下冷却液可以经过变速器油____________，这样可以确保在纯电动行驶期间对______________和两个______________进行冷却。

3. 宝马 Active Hybrid X6 的______________（附加）主要用于补偿______________与 PEB（供电电控箱）间的____________。

4. 宝马 Active Hybrid X6 的 20 W 冷却液泵的任务之一是形成一个较小的“____________________”，当车外温度较低时可关闭两台 50 W 泵，因为不需要冷却功率。PEB 带有一个______________传感器，用于进行这项调节。

5. 宝马 Active Hybrid X6 车内的 20 W 泵通过一个____________信号控制。

6. PEB 后温度传感器上的低温冷却循环回路调节温度为______℃，自______℃度起开始降低 PEB 和 APM 的控制功率，从而减少发热量。

7. 从驾驶员的角度来说，宝马 Active Hybrid X6 共有 7 个前进挡位。在变速器内部，这 7 个前进挡位通过 4 个固定的________和具有__________传动比的两个模式实现。

8. 从狭义角度来说，主动变速器主要包括 2 台__________、3 个______________、4 个____________等部件。

9. 混合动力变速器控制系统读取输出________、________温度、驻车锁位置等传感器信号。这些传感器信号在用于单个功能的同时也通过总线系统传输给控制单元网络。

二、选择题（将正确答案的序号填在括号内，不定项）

1. 改进型 N63 发动机的冷却系统由（　　）组成。

A. 发动机冷却系统　　B. 增压空气冷却系统

C. 电动冷却液泵　　D. 高压动力蓄电池的冷却系统

2. 两个 50 W 电动冷却液泵通过（　　）总线连接在数字式发动机电子系统上。

A. LIN　　B. CAN　　C. VAN　　D. MOST

3. 为了在发动机关闭后能够继续排出 PEB 和 APM 的热量，（　　）的电动冷却液泵将继续运行，且针对低温冷却循环回路也提供继续运行功能。

A. 功率为 20 W　　B. 第一个 50 W

C．第二个 50 W　　D．功率为 70 W

4．从广义角度来说，(　　) 附加组件属于整个主动变速器系统。

A．扭转减振器　　B．电液控制模块、混合动力驻车锁

C．电动泵 / 机械泵　　D．含冷却循环回路在内的供油系统

5．每台电动机都装有（　　）传感器。

A．温度　　B．电动机位置

C．转矩　　D．压力

6．通过四个片式离合器可使主动变速箱实现下列所需状态中的（　　）。

A．两个 ECVT 模式中的一个　　B．四个固定的基本挡位中的一个

C．“没有动力传输”的状态　　D．手动挡状态

7．宝马 Active Hybrid X6 自动变速器有（　　）模式可供选择。

A．驾驶　　B．运动　　C．手动　　D．自动

三、判断题（正确的打“√”，错误的打“×”）

1．E72 的 N63 发动机采用两个彼此独立的冷却循环回路，其中一个用于发动机冷却，另一个用于增压空气冷却。（　　）

2．在 E72 上，冷却液不对发动机控制单元进行冷却，而是对两个附加控制单元、供电电控箱（PEB）和辅助电源模块（APM）进行冷却。（　　）

3．由于 E72 主动变速器具有两个 CVT 模式，所以资料中通常也称其为“双模式主动变速器”。（　　）

4．E72 主动变速器没有液力变矩器，因此变速器组件不需要润滑。（　　）

5．根据冷却要求和变速器的转速，变速器油循环回路内必须设定特定压力。（　　）

6．为了挂入所需挡位，必须使一个或两个片式离合器接合。（　　）

7．E72 的混合动力驱动装置带有自适应变速器控制功能，该功能在混合动力主控控制单元内进行计算。（　　）

8．采用发动机和电动机 B 混合驱动方式时，发动机功率分为两个部分，也可以说是发动机的功率“分支”。（　　）

9．在主动变速器内通过接合两个片式离合器可以实现所有固定基本挡位。（　　）

四、综合题

1．填图题（将正确答案填在横线上）

（1）根据题图，标注出 E72 主动变速器各部件的名称。

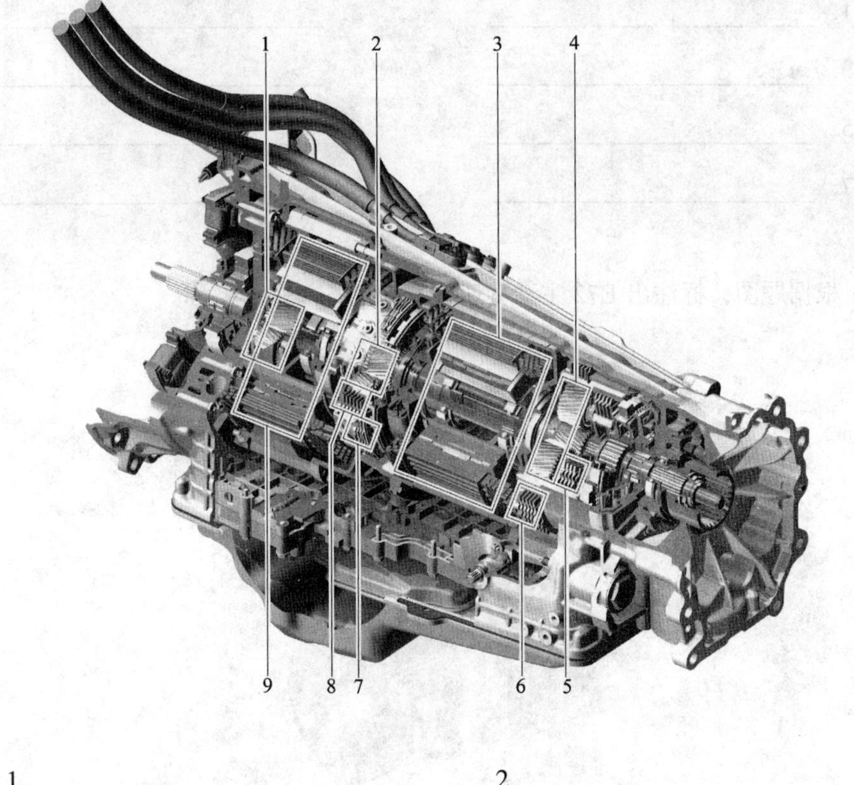

1. ____________________ 2. ____________________

3. ____________________ 4. ____________________

5. ____________________ 6. ____________________

7. ____________________ 8. ____________________

9. ____________________

（2）根据题图，标注出 E72 主动变速器各组件的名称。

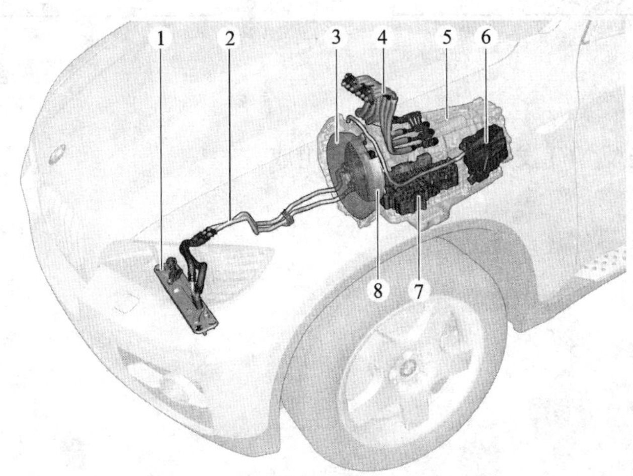

1. ____________________ 2. ____________________

3. ____________________ 4. ____________________

5. ____________________ 6. ____________________

7. ____________________ 8. ____________________

（3）根据题图，标注出 E72 主动变速器电动机各部件的名称。

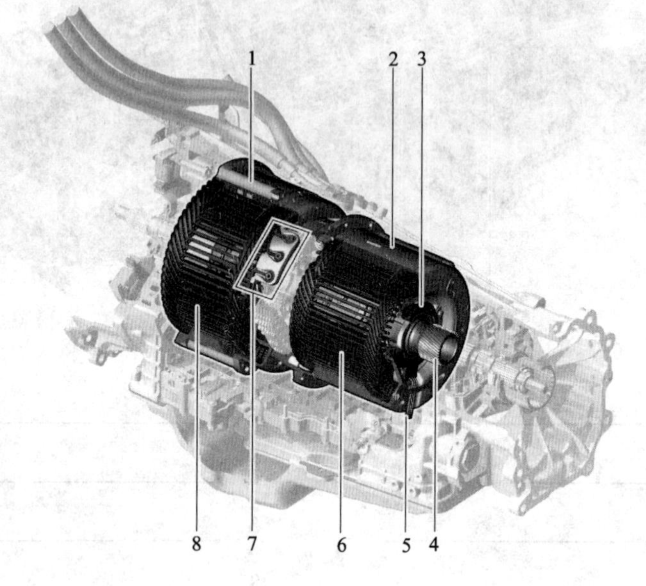

1. ____________________ 2. ____________________

3. ____________________ 4. ____________________

5. ____________________ 6. ____________________

7. ____________________ 8. ____________________

2．简答题

（1）简述改进型 N63 发动机冷却系统的组成。

（2）简述 E72 主动变速器的组成。

（3）混合动力变速器控制系统的功能是什么？

（4）简述 ECVT1 模式时动力驱动情况。

第三节　混合动力制动系统

一、填空题（将正确答案填在横线上）

1．E72 的混合动力制动系统又称“____________________________”或“____________________________”。

2．制动要求的电气部分通过主动变速箱的电动机转化为电能并存储在____________内，液压部分通过传统____________产生减速度。

3．能量回收式制动所需的某一组件失灵或供电失灵时，混合动力制动系统就会由＿＿＿＿＿＿＿＿模式切换为传统模式。

4．＿＿＿＿＿模式是混合动力制动系统的基本机械模式，在该模式下会使制动踏板与制动助力器重新建立起＿＿＿＿＿连接。

二、选择题（将正确答案的序号填在括号内，不定项）

1．以下属于混合动力制动系统组件的是（　　）。

A．制动踏板　　B．制动助力器

C．动态稳定控制系统　　D．车轮制动器

2．在所有行驶情况下，混合动力制动系统可以回收利用的制动能量达到（　　）。

A．60%~70%　　B．70%~80%

C．80%~90%　　D．90%~100%

3．以下故障中会启用传统制动模式的是（　　）。

A．踏板角度传感器失灵　　B．隔膜行程传感器失灵

C．真空压力传感器失灵　　D．SBA 控制单元或供电失灵

三、判断题（正确的打“√”，错误的打“×”）

1．DSC 控制单元是混合动力制动系统的主控控制单元，它控制从探测制动要求直至控制制动系统执行机构的所有过程。（　　）

2．混合动力制动系统在接通供电后对电子伺服模式正常工作所需的所有系统组件进行自检，自检顺利结束后就会启用电子伺服模式，否则，混合动力制动系统就会保持传统模式。（　　）

3．在不稳定的行驶情况下，动态稳定控制系统就会执行主控功能，但此时仍可以进行能量回收式制动。（　　）

4．在电子伺服模式下，制动踏板与制动助力器的机械连接断开。（　　）

5．在传统模式下从驾驶员的角度来说，空行程增大，驾驶员几乎不会感觉到任何反作用力，直至销子到达限位位置。（　　）

6．驾驶员在传统模式下操作制动踏板，主动式制动助力器内的电磁阀不会受控工作，此时压杆不会移动。（　　）

7．在电子伺服模式下踏板力模拟器不会产生反作用力。（　　）

四、综合题

1．填图题（将正确答案填在横线上）

（1）根据题图，标注出混合动力制动系统实现制动的部件和控制动作名称。

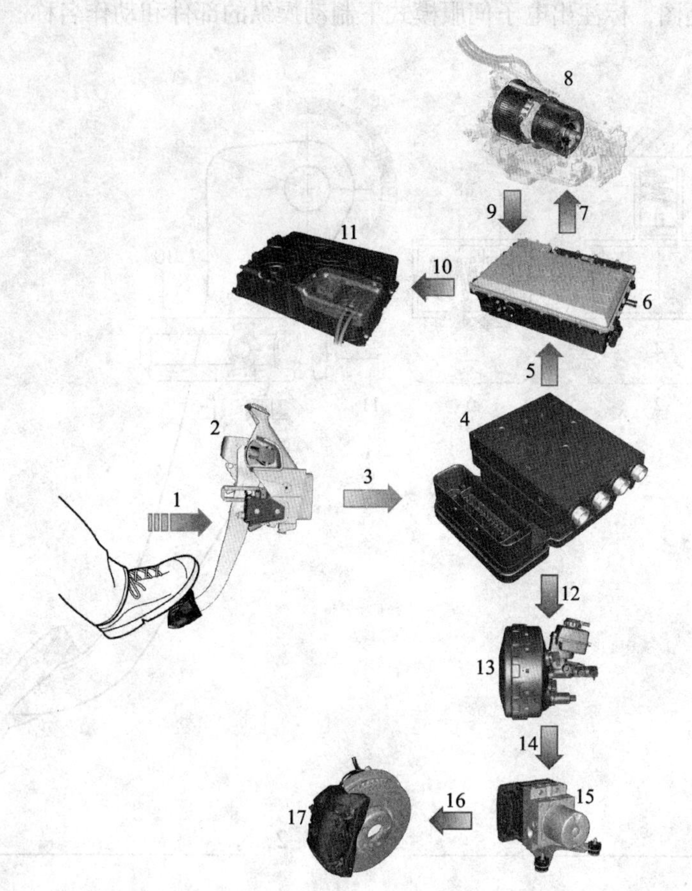

1. ____________________ 2. ____________________

3. ____________________ 4. ____________________

5. ____________________ 6. ____________________

7. ____________________ 8. ____________________

9. ____________________ 10. ____________________

11. ____________________ 12. ____________________

13. ____________________ 14. ____________________

15. ____________________ 16. ____________________

17. ____________________

（2）根据题图，标注出电子伺服模式下制动操纵的部件和动作名称。

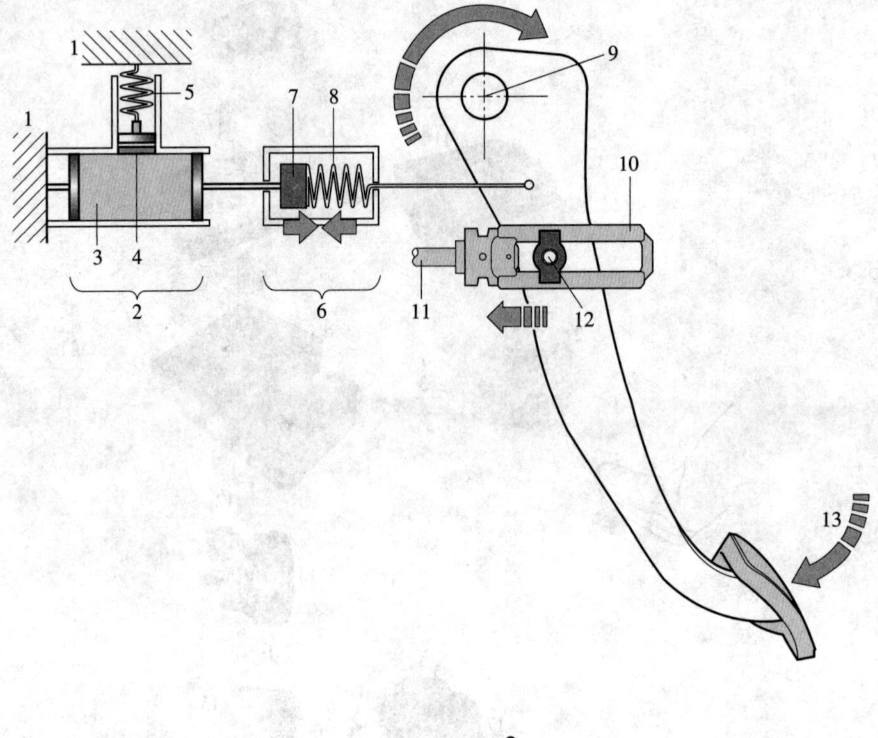

1. ______________　2. ______________

3. ______________　4. ______________

5. ______________　6. ______________

7. ______________　8. ______________

9. ______________　10. ______________

11. ______________　12. ______________

13. ______________

2. 简答题

（1）简述混合动力制动系统的组成。

（2）什么情况下混合动力制动系统会启用传统模式？

（3）简述电子伺服模式下混合动力制动系统的工作情况。

第四节 供电系统

一、填空题（将正确答案填在横线上）

1. 宝马 Active Hybrid X6 车载网络主要由________车载网络（AC）、________车载网络（DC）和______车载网络（DC）三部分组成。

2. 电动驱动装置由两个电动机和________组成。电动机既可以发电机方式（能量发生器）驱动，也可以电动机方式驱动。

3. AC/DC 变换器（连接电动驱动装置和交流高压车载网络）和 DC/DC 变换器（连接直流高压车载网络和 14 V 车载网络）作为________使用，两个变换器都可进行________。

4. 14 V 车载网络由________为其提供能量。DC/DC 变换器取代了以前为此所用的________，因此在行驶状态下 14 V 车载网络的电能供应不再取决于发动机的________。

5. 为确保车载网络电压稳定和混合动力驻车锁（DSM）冗余供电，在 E72 上装有一个________。

6. 为避免车辆驻车时产生平衡电流，行驶准备状态结束后通过________继电器断开两个________。

7. ________和关闭高压系统______s 后断路继电器断开。

8. 极性接错保护功能用于防止客户________接反极性时对车载网络以及所连接

的电气组件造成__________。

9．能量管理系统用于避免在行驶期间 12 V 蓄电池________，从而保持车辆功能正常并在较长时间内确保________。

10．E72 最重要的电源管理系统功能是，12 V 蓄电池________和________出危险的蓄电池充电状态时，关闭 / 减少用电器。

二、判断题（正确的打“√”，错误的打“×”）

1．高压车载网络的主要元件是高压动力蓄电池。（　　）

2．14 V 车载网络与以前车辆的车载网络相同，但由 DC/DC 变换器为其提供能量。（　　）

3．极性接错保护功能用于防止用户跨接启动接反极性时对车载网络以及所连接的电气组件造成损坏。（　　）

4．E72 采用低成本电源管理系统，只要识别出 12 V 蓄电池充电平衡不佳的运行状态，电源管理系统就会通过相应措施进行调节干预。（　　）

5．“启动辅助”功能在高压动力蓄电池 SOC 较低的情况下也能确保发动机启动。（　　）

三、综合题

1．填图题（将正确答案填在横线上）

（1）根据题图，标注出 E72 车载网络各部件的名称。

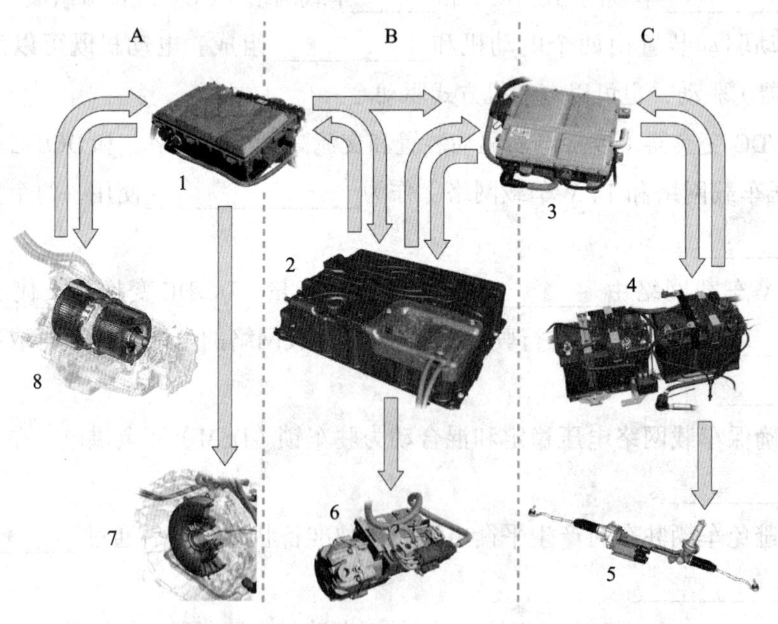

1. ____________________ 2. ____________________

3. ____________________ 4. ____________________

5. ____________________ 6. ____________________

7. ____________________ 8. ____________________

（2）根据题图，标注出标准蓄电池和附加蓄电池各部件的名称。

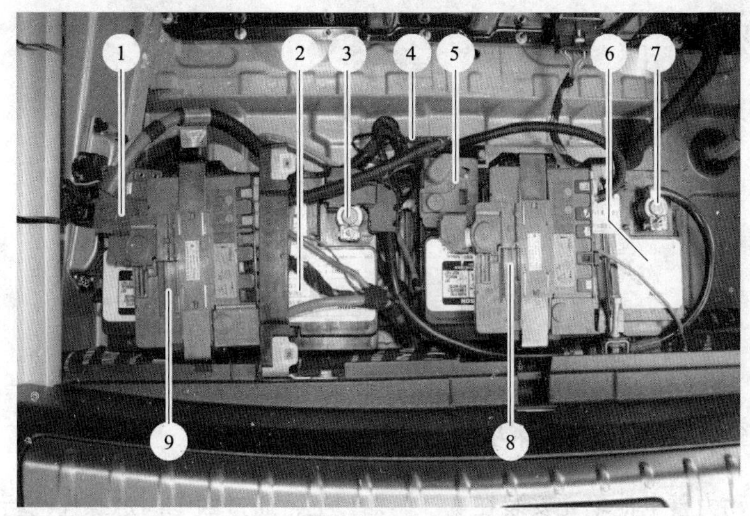

1. ____________________ 2. ____________________

3. ____________________ 4. ____________________

5. ____________________ 6. ____________________

7. ____________________ 8. ____________________

9. ____________________

2. 简答题

（1）断路继电器接合应满足哪些条件？

（2）什么是启动辅助功能？

第五节　高压动力蓄电池单元

一、填空题（将正确答案填在横线上）

1. 高压动力蓄电池单元安装在__________上，通过四个固定螺栓与行李舱地板连接在一起。

2. 高压动力蓄电池单元固定螺栓能在高压动力蓄电池单元壳体与接地之间建立起____________，用于__________，而且是实现__________的前提条件。

3. 高压动力蓄电池是高压系统的实际蓄能器，通过串联总共________个电解槽得到__________V 额定电压。每 10 个电解槽组成一个模块，13 个模块并排布置，构成一列；________叠加布置，构成整个高压动力蓄电池套件。

4. 在串联的蓄电池电解槽正中间接入了____________插头，该插头还包括一个高电流____________。

5. 电动机械式接触器由__________进行控制，通过__________为接触器供电。

6. 高压动力蓄电池单元外部的冷却系统拥有与__________循环回路相连的独立冷却循环回路。

7. 镍氢蓄电池充电和放电时可能会产生______，其中包含少量______气。

8. ________通过混合动力 CAN 上的电码以及另一个独立的信号导线（PWM 设码）要求启动高压系统，随后由__________控制启动。

9. 关闭高压系统分为________关闭和________关闭两种情况。

10. 如果碰撞和安全模块识别出相应严重程度的事故就会__________安全型蓄电池接线柱与 12 V 蓄电池正极的__________。

二、选择题（将正确答案的序号填在括号内，不定项）

1. 高压动力蓄电池单元中的每列蓄电池电解槽都装有（　　）个温度传感器，用于监控电解槽温度并根据需要调节冷却功率。

A．1　　B．2　　C．3　　D．4

2. 高压安全插头执行的任务有（　　）。

A．关闭高压系统供电

B．防止重新接通

C．作为高压动力蓄电池高电流熔断器的支架

D．保持继续接通

3. 高压动力蓄电池充电策略的目的在于（　　）。

A．延长高压动力蓄电池的使用寿命

B．制动能量回收利用

C．能量消耗（如助推功能）保存储备

D．能量消耗计算

三、判断题（正确的打“√”，错误的打“×”）

1. 拉动高压安全插头或触发熔断器都会使串联连接中断。（　　）

2. 完全用完蓄电池的存储能量，不会对蓄电池的使用寿命有影响。（　　）

3. 蓄电池控制模块自身可以存储故障代码。（　　）

4. 高压动力蓄电池单元内部的 BCM 电气接口分为两个插头，一个用于低压导线，另一个用于高压导线。（　　）

5. 取下高压安全盖板时，盖板内的跨接线断开并使高压接触监控电路断路。（　　）

6. 高压动力蓄电池单元内的冷却系统通过两个接口与冷却液管路（供给管路和回流管路）相连，进而与高压动力蓄电池单元外部的冷却系统相连。（　　）

7. 如果识别出高压接触监控电路断路且存在人员接触高压系统带电部件的可能，接触器触点就会断开。（　　）

8. 发动机节能启停功能可以一直使用至充电状态下限。（　　）

四、简答题

1. 简述高压动力蓄电池单元的主要作用。

2．高压动力蓄电池单元包括哪些组成部分?

3．简述蓄电池控制模块的作用。

第六节　供电电子装置

一、填空题（将正确答案填在横线上）

1．E72 与混合动力有关的供电电子装置分布在________________和______________两个控制单元上。

2．__________是一个 DC/DC 变换器，负责实现混合动力车辆两个电压层面间的________转换。

3．APM 控制单元采用____________设计，即 APM 在________车载网络和______V 车载网络间对电能进行双向传输。

4．APM 由 HCP 进行控制，HCP 是 PEB 的一个组成部分，APM 无法独立接通____________功能。

5．当高压动力蓄电池的__________值低于启动限值而必须为高压动力蓄电池充电时，APM 就会选择__________运行模式。

6．PEB 控制所有运行状态下的高压车载网、__________双向能量流动、两个电动机的转速和________以及电动混合动力机油泵控制系统（电动机泵换流器）。

7．混合动力主控控制单元 HCP 的能量运行策略根据____________、____________和驾驶员要求持续调节能量分配。

8．出于高压安全考虑，不允许打开或分解 PEB，出现故障时始终________。

二、判断题（正确的打“√”，错误的打“×”）

1．E72 与混合动力有关的供电电子装置分布在辅助电源模块 APM 和供电电控箱 PEB 两个控制单元上。（　　）

2．在安全盖板上装有一个用于关闭高压接触监控电路的跨接线，拆卸安全盖板时必须首先松开四个容易接近的螺栓。（ ）

3．APM 由 HCP 进行控制，HCP 是 PEB 的一个组成部分，APM 无法独立接通电压转换功能。（ ）

4．PEB 是供电电控箱的缩写，指的是在 E72 上用于控制和调节混合动力专用组件的控制单元。（ ）

5．PEB 与 APM 一样，可进行诊断和编程。更换 PEB 后必须根据当前状态对所有四个控制单元进行编程。（ ）

三、简答题

1．简述 PEB 内四个控制单元的执行功能。

2．简述供电配电盒 PDB 维修注意事项。